AF340495

QUELQUES IDÉES

SUR

LES FINANCES.

ESQUISSE

PAR H. D.

—

1834.

Paris. — Imprimerie de Rioxoux et Cᵉ, rue des Francs-Bourgeois-Saint-Michel, 8.

QUELQUES IDÉES

SUR

LES FINANCES.

INTRODUCTION.

Depuis 1801 jusqu'à ce jour, les budgets de l'État se sont toujours accrus dans une proportion effrayante (1). Pourquoi? c'est qu'on ne s'est occupé, chaque année, qu'à niveler les dépenses et les recettes, sans songer à se créer des économies pour les dépenses forcées; en sorte que, pour faire face à des besoins impérieux et imprévus, il a bien fallu avoir recours à des emprunts nouveaux, qui sont venus accroître la dette publique.

Tous les ministres qui se sont succédé, hommes bien intentionnés sans doute, n'ont songé, dans l'administration des finances, qu'aux moyens de crédit, c'est-à-dire aux moyens de trouver facilement à emprunter les plus grandes sommes, en payant fidèlement les intérêts, et au taux le moins onéreux : ils n'ont jamais cherché à ne plus contracter d'emprunts.

En vain une Caisse dite d'amortissement a été créée. Depuis sa création qu'a-t-elle amorti? La dette publique est là pour répondre (2).

Ce système de crédit, qu'on a constamment prôné et suivi jusqu'à présent, tant en France que dans un pays voisin, ne tend pas à faire prospérer ces

---

(1) En 1802. Sous le consulat la France ayant 108 départe-
mens les dépenses étaient de .... 589,500,000 f. » c.
1819. Sous Louis XVIII de..................... 889,210,000 »
1828. Sous Charles X de....................... 922,721,602 »
1831. Sous Louis-Philippe (ministère Périer) de.. 1,484,306,493 »

(2) En 1807. Sous Napoléon le capital de
la dette était de............... 1,912,500,000 f. » c.
1821. Sous Louis XVIII (Villèle) de 3,466,900,000 »
1829. Sous Charles X de....... 4,260,000,000 »
1831. Sous Louis-Philippe de.... 5,185,438,457 »
1832.   id............... 5,418,000,000 »

deux États; car il est difficile de faire concevoir à tout homme sensé et de bonne foi, que plus on emprunte, plus on est riche (3).

Sans chercher, en ce moment, à combattre un tel système, pourquoi ne pas s'efforcer de ramener les ministres à ce principe si simple et si vrai, que pour enrichir un État, il faut augmenter ses revenus et diminuer ses dépenses, employer l'excédant des revenus à éteindre sa dette, persister jusqu'à libération définitive, et, seulement alors, procéder à la diminution successive des impôts et des charges publiques.

Que dira-t-on si, par l'application d'un tel principe, nous avons résolu le problème suivant ?

1° Extinction de 350,000,000 de dette flottante, par sa réunion à la dette perpétuelle inscrite;

2° Rachat, en moins de douze ans, de 4,310,000,000 de dette inscrite, y compris la dette flottante;

3° Dégrèvement possible, à l'expiration de ce délai, de 215,500,000 fr. d'impôts;

4° Inutilité de contracter aucun emprunt à l'avenir;

5° Répression de l'agiotage et du jeu.

Tel est pourtant le résultat certain que nous allons soumettre aux méditations de nos lecteurs.

Sans doute la solution d'un tel problème ne peut avoir lieu sans les conditions suivantes :

1° Un sacrifice momentané de la part des contribuables, et l'exécution de

---

(3) Le crédit a été imaginé par le négociant hasardeux qui veut tirer parti de l'argent qu'il emprunte. L'homme riche n'a pas besoin de crédit, il n'emprunte pas; ainsi le crédit est inutile à qui n'a pas besoin d'emprunter : et d'ailleurs si l'emprunt que fait un individu, par le moyen du crédit, peut lui procurer des bénéfices; il n'en est pas ainsi d'un État, puisqu'il n'emprunte jamais que pour payer une dette et combler un déficit. L'emprunt qu'il contracte alors n'est avantageux qu'au prêteur; il est toujours fait à des conditions onéreuses et usuraires. Prouvons-le d'une manière irrécusable.

En 1817, la France a négocié 23,600,000 f. de rentes 5 p. °/₀ à 55 f. pour chaque 5 f. de rente, ci... 23,600,000 à 55 f. » c.

La même année.. 9,000,000 à 64 »

En 1818... 14,600,000 à 66 50

La même année....................................... 17,800,000 à 67 67

En 1821 .... 12,512,220 à 85 »

En 1823 .... 23,114,516 à 89 »

En tout.............. 100,626,736 de rentes au taux commun de 70 f., c'est-à-dire sur le pied de 7 ¹/₁ pour cent d'intérêts; et cette somme forme près de la ¹/₁₂ de la dette perpétuelle.

l'article 2 de la Charte, qui porte : que chacun *doit* contribuer, *sans distinction*, dans la proportion de sa fortune, aux charges de l'État (4);

2° La création d'une *Caisse de réserve*, indépendante et inviolable, qui se formera de tout l'excédant des recettes sur les dépenses, levier d'une force immense, dont la puissance annuelle, en capitaux *et intérêts composés*, opèreront le prodige annoncé;

3° Enfin, la consolidation d'une paix promise et probable, qui permettra une réduction dans l'armée (5).

Puissent *nos idées*, dégagées de tout intérêt personnel*, attirer au moins l'attention des hommes d'État!

PLAN.

Un premier tableau, ayant pour base le budget de 1834, présentera le résultat des perceptions et retenues à faire pour la formation de la caisse de réserve.

Le deuxième offrira la preuve du rachat, en moins de douze ans, de toute la dette perpétuelle inscrite et de la dette flottante, par la puissance de la caisse de réserve.

On terminera par un projet de loi nécessaire à l'exécution. Cette loi sera motivée par quelques annotations; et comme cette esquisse ne peut être bien saisie et comprise au premier aperçu, que par des lecteurs déjà familiarisés avec les finances, nous recommandons de lire les notes avec la plus grande attention.

---

(4) Nous démontrerons, plus tard, que ce sacrifice ne sera qu'une simple avance, qui rentrera, en définitif, dans la bourse des contribuables. Nous tâcherons aussi de prouver que l'article 2 de la Charte est méconnu, et qu'il doit recevoir son application.

(5) Le plan de finances que nous proposons est de nature à consolider la paix; car qui osera déclarer la guerre au peuple qui se trouvera, par le fait, le plus riche en guerriers et en argent.

* L'auteur est *propriétaire* et *rentier*.

1ER TABLEAU,

Donnant le moyen de faire entrer 270,000,000 par an dans la Caisse de réserve.

BUDGET DE 1834 PRIS POUR BASE DES PERCEPTIONS ET RETENUES.	CHIFFRE du BUDGET.	10 CENTIMES entrant dans la Caisse de réserve.
RECETTES.		
Principal et centimes additionnels ; Contributions foncières, personnelles, mobilières, etc.	354,000,000.	35,400,000.
Enregistrement, Timbre et Domaines.	198,000,000.	19,800,000.
Coupes de bois.	18,000,000.	»
Douanes et Sel.	163,000,000.	16,300,000.
Contributions indirectes.	172,000,000.	17,200,000.
Postes.	36,000,000.	3,600,000.
Loterie.	10,000,000.	»
Recettes diverses ; Contributions additionn. sur les bois.	31,700,000.	3,170,000.
		(60,070,000.)
TOTAL, sauf les fractions au-dessous de 100,000 fr.	983,200,000.	
DÉPENSES.		
Intérêts de la dette principale inscrite, y compris l'emprunt pour extinction de la dette flottante.	215,500,000.	21,550,000. [*]
Fonds d'amortissement actuel.	44,600,000.	44,600,000.
Intérêts des cautionnemens.	9,000,000.	900,000.
Dette flottante 17,500,000, éteinte par voie d'emprunt et réunie à la dette.	»	»
Dette viagère.	5,600,000,	560,000.
Pensions.	55,200,000.	5,520,000.
Liste civile.	13,000,000.	1,300,000.
Chambre des pairs.	600,000.	»
Chambre des députés.	600,000.	»
Légion-d'Honneur.	2,900,000.	»
Ministère de la justice.	18,600,000.	»
— des affaires étrangères.	7,200,000.	»
— de l'instruction publique.	5,000,000.	»
— de l'intérieur et des cultes.	40,100,000.	»
— du commerce et des travaux publics.	103,100,000.	»
— de la guerre.	220,300,000.	»
— de la marine.	62,600,000.	»
— des finances.	23,300,000.	»
Frais de régie et de perception.	114,600,000.	»
Restitutions, non-valeurs et primes.	41,800,000.	»
10 centimes sur les traitemens des fonctionnaires et employés civils et militaires ; Aliénations de bois ; Réduction présumée dans l'armée.	»	100,100,000.
TOTAUX, sauf les fractions comme dessus.	983,600,000.	270,000,000
		par an.

[*] Cette ressource diminuera chaque année, par le rachat de la Caisse de réserve, mais ne change rien à notre résultat.

2ᴱ TABLEAU,[*]

Prouvant, au moyen de 270,000,000 par an, le rachat, en moins de douze ans, de toute la dette inscrite.

ANNÉES.	PUISSANCE DE LA CAISSE en capitaux et intérêts.	SOMMES entrées EN CAISSE.	RENTES pouvant être rachetées.
	Du 1ᵉʳ janvier 1835 au 1ᵉʳ janvier 1836. Intérêts audit jour.	270,000,000. 10,000,000.	
1ʳᵉ.	Total au 1ᵉʳ janv. 1836. 1ᵉʳ juillet id. 1/2. Semestre d'intérêts.	280,000,000, 135,000,000. 7,000,000.	ou 14,000,000.
	Total au 1ᵉʳ juillet id. 1ᵉʳ janvier 1837, 1/2. Semestre.	422,000,000, 135,000,000. 10,550,000.	ou 21,100,000.
2ᵉ.	Total au 1ᵉʳ janv. 1837. 1ᵉʳ juillet id. 1/2. Semestre.	567,550,000, 135,000,000. 14,188,750.	ou 28,377,500.
	Total au 1ᵉʳ juillet. 1ᵉʳ janvier 1838, 1/2. Semestre.	716,738,750, 135,000,000. 17,918,463.	ou 35,836,937.
3ᵉ.	Total au 1ᵉʳ janv. 1838. 1ᵉʳ juillet id. 1/2. Semestre.	869,657,218, 135,000,000. 21,741,430.	ou 43,482,860.
	Total au 1ᵉʳ juillet id. 1ᵉʳ janvier 1839, 1/2. Semestre.	1,026,398,648, 135,000,000. 25,659,466.	ou 51,318,932.
4ᵉ.	Total au 1ᵉʳ janv. 1839. 1ᵉʳ juillet id. 1/2. Semestre.	1,187,058,114, 135,000,000. 29,676,453.	ou 59,352,906.
	Total au 1ᵉʳ juillet. 1ᵉʳ janvier 1840, 1/2. Semestre.	1,351,734,567, 135,000,000. 33,793,364.	ou 67,586,728.
5ᵉ.	Total au 1ᵉʳ janv. 1840. 1ᵉʳ juillet id. 1/2. Semestre.	1,520,527,931, 135,000,000. 38,013,198.	ou 76,026,397.
	Total au 1ᵉʳ juillet id. Au 1ᵉʳ janv. 1841, 1/2. Semestre.	1,693,541,129, 135,000,000. 42,338,528.	ou 84,677,056.
6ᵉ.	Total au 1ᵉʳ janv. 1840.	1,870,879,657,	ou 93,543,982.

ANNÉES.	PUISSANCE DE LA CAISSE en capitaux et intérêts.	SOMMES entrées EN CAISSE.	RENTES pouvant être rachetées.
	D'autre part.	1,870,879,657.	
	1ᵉʳ juillet 1841, 1/2. Semestre.	135,000,000. 46,771,991.	
	Total au 1ᵉʳ juillet id. 1ᵉʳ janvier 1842, 1/2. Semestre.	2,052,651,648, 135,000,000. 51,316,291.	ou 102,632,582.
7ᵉ.	Total au 1ᵉʳ janv. 1842. 1ᵉʳ juillet id. 1/2. Semestre.	2,238,967,939, 135,000,000. 55,974,198.	ou 111,948,396.
	Total au 1ᵉʳ juillet. id. 1ᵉʳ janv. 1843, id. 1/2. Semestre.	2,429,942,137, 135,000,000. 60,748,553.	ou 121,497,106.
8ᵉ.	Total au 1ᵉʳ janv. 1843. 1ᵉʳ juillet. id. 1/2. Semestre.	2,625,690,690, 135,000,000. 65,642,267.	ou 131,284,534.
	Total au 1ᵉʳ juillet. id. 1ᵉʳ janvier 1844, 1/2. Semestre.	2,826,332,957, 135,000,000. 70,658,324.	ou 141,316,647.
9ᵉ.	Total au 1ᵉʳ janv. 1844. 1ᵉʳ juillet id. 1/2. Semestre.	3,031,991,281, 135,000,000. 75,799,782.	ou 151,599,564.
	Total au 1ᵉʳ juillet id. 1ᵉʳ janvier 1845, 1/2. Semestre.	3,242,791,063, 135,000,000. 81,069,776.	ou 162,139,553.
10ᵉ.	Total au 1ᵉʳ janv. 1845. 1ᵉʳ juillet id. 1/2. Semestre.	3,458,860,839, 135,000,000. 86,471,521.	ou 172,943,041.
	Total au 1ᵉʳ juillet id. 1ᵉʳ janvier 1846, 1/2. Semestre.	3,680,332,360, 135,000,000. 92,008,309.	ou 184,016,618.
11ᵉ.	Total au 1ᵉʳ janv. 1846.	3,907,340,669,	ou 195,367,033.
12ᵉ.	Enfin au 1ᵉʳ janv. 1847.	4,378,524,789,	ou 218,926,239, dépassant la dette perpétuelle inscrite.

[*] On a supposé, pour plus de clarté, que les semestres des dividendes ou intérêts se payaient en janvier et juillet, au lieu de mars et septembre.

PROJET DE LOI

SERVANT

DE DÉVELOPPEMENT AUX DEUX TABLEAUX, ET DE MOYEN D'EXÉCUTION.

ARTICLE PREMIER.

Du 1ᵉʳ janvier 1835 au 1ᵉʳ janvier 1847, la recette des budgets annuels sera basée sur le budget de 1834. Elle ne pourra jamais, pendant ce délai, excéder en somme 985,000,000 par an (6).

ART. 2.

Pendant le même espace de temps, il ne pourra être contracté aucun emprunt par l'État, à quelque titre, et pour quelque cause que ce soit; en cas de guerre, ou de besoins reconnus urgens, il y sera pourvu conformément aux dispositions de l'article 14 ci-après (7).

ART. 3.

Le ministre des finances est autorisé, *avant le* 1ᵉʳ *janvier* 1835, à emprunter en rentes 5 p ⁰⁄₀, par voie de publicité et concurrence, les 350,000,000 francs nécessaires pour acquitter le montant de la dette flottante. L'inscription résultant de cet emprunt sera réuni à celles existantes au grand-livre des 5 p ⁰⁄₀ consolidés (8).

---

(6) Dans la formation de chaque budget annuel, la Chambre des Députés aura moins à s'occuper de la recette ou des *voies et moyens,* que de la réduction des dépenses : seulement il était important de limiter le *maximum* de ces voies et moyens à 985,000,000. Somme qui a suffi en 1834, et qui doit, sauf des besoins imprévus, suffire à tous les services pour les années subséquentes.

Puisque, par le plan proposé, tout l'excédant des recettes sur les dépenses doit entrer dans la Caisse de réserve et servir au rachat ou au remboursement de la dette perpétuelle inscrite, ce serait un véritable contre-sens, lorsqu'on sera parvenu à réduire les dépenses, de réduire d'autant les recettes, comme on l'a fait jusqu'à ce jour; car on n'arriverait à aucun résultat. Plus tôt la dette sera éteinte, plus tôt les contribuables seront déchargés.

(7) L'effet produit par cet article est difficile à imaginer. Plus d'emprunts ? dira-t-on. Mais cela est impossible; et si la guerre survient, si la disette ou la famine nécessitent des ressources extraordinaires, si des révolutions ou des commotions intérieures commandent de lever des subsides, que fera-t-on ? Tel sera le langage des gros banquiers qui sollicitent et procurent les emprunts ; eh bien! la réponse sera facile. J'aurai recours à moi-même, à ma Caisse de réserve ; je ne serai pas forcé de recourir à des emprunts onéreux et usuraires. (Voir la note 16.)

Un pareil article aura aussi pour effet de détruire instantanément et l'agiotage et l'usure. (Voir note 3.)

(8) Pour se libérer de la *dette flottante* qui fait partie de la dette publique et qui s'est

Art. 4.

A partir du 1ᵉʳ janvier 1835, il sera perçu annuellement, outre la somme fixée par chaque budget (chapitre des recettes), 10 centimes additionnels sur le produit :

1° Des contributions foncières, personnelles, mobilières, portes et fenêtres et patentes ;

2° De l'enregistrement, timbre et domaines ;

3° Des douanes et du sel ;

4° Des contributions indirectes ;

5° Des postes ;

6° Et des recettes diverses et contributions additionnelles sur les bois (9).

élevée successivement à plus de 350,000,000, il faudra par un *dernier* emprunt la réunir à la dette inscrite, comme on l'a fait Tableau n° 1. Il est toujours dangereux, pour un État, de voir une aussi grande masse de créances exigibles ; elle le grève d'intérêts inutiles.

D'ailleurs, le service du trésor doit être assuré, sans émissions de bons, par le versement que doivent faire au moins par douzièmes les receveurs généraux. Il avait lieu, avant l'invention de la caisse de service, et cela doit être d'autant plus facile, que les rentes inscrites, les pensions, etc., ne se paient, pour la plupart, que de 6 en 6 mois. C'est au ministre des finances à pourvoir à ce que les recettes couvrent les dépenses, et ce ne peut être que l'objet d'une bonne administration intérieure.

Au reste, l'intérêt des bons du Trésor, qui s'élèvent au plus à 3 ou 4 p. $\frac{0}{0}$ prouve, jusqu'à l'évidence, combien les prêts sur rentes sont onéreux pour l'État ; puisque le même débiteur (qui présente par conséquent une seule et même garantie), paie aux uns 3 ou 4 p. $\frac{0}{0}$, seulement, et aux autres plus de 7 p. $\frac{0}{0}$. (Voir la note 3.)

(9) Si le sacrifice qu'on exige des divers contribuables, de 10 centimes additionnels au-delà des contributions actuelles, ne devait servir, comme on l'a vu jusqu'à ce jour, qu'à couvrir des dépenses annuelles, ce serait pour eux, nous l'avouons, une charge sans compensation ni résultat, et l'on pourrait repousser une telle mesure ; mais si l'on veut considérer, au contraire, que les sommes qui en proviendront, après avoir été accumulées 12 années avec les intérêts, et les intérêts des intérêts, rentreront dans la bourse de ces mêmes contribuables, en les dégrevant d'autant de leur dette ; on ne peut s'empêcher d'en conclure, avec toute raison, que ce n'est pas là un sacrifice, mais une économie : que celui qui paie sa dette avec ses économies, s'enrichit ; mais que celui qui paie sa dette en contractant de nouveaux emprunts plus considérables, s'appauvrit et se ruine.

En effet, prouvons-le par un exemple : Un individu possède un revenu de 10,000 f. et doit d'un autre côté 12 ou 13,000 f. : s'il économise et met en réserve chaque année 1000 f., au bout de 12 ans il aura éteint sa dette ; et à cette époque il sera plus riche de 650 f. de rentes ; car il aura toujours son même revenu de 10,000 f., plus 650 f. qu'il n'aura plus à déduire, chaque année, pour servir les intérêts de ce qu'il devait. Donc le prélèvement qu'il aura fait sur sa fortune l'aura enrichi.

Sous le ministère de M. de Villèle, l'impôt direct a été réduit de près de 40,000,000. Les 10 centimes additionnels proposés ne s'élèveront qu'à 35,400,000 ; on ne fera donc que réta-

Art. 5.

A partir de la même époque, il sera retenu annuellement (chapitre des dépenses), à titre de contribution aux charges de l'État, 10 centimes par franc sur le montant :

    1° Des rentes 5, 4 $\frac{1}{2}$, 4 et 3 p $\frac{0}{0}$, inscrits au grand-livre de la dette publique ;

    2° Des intérêts des cautionnements ;

    3° Des pensions de toute nature ;

    4° Et des traitements des fonctionnaires et employés civils et militaires, excédant 300 francs par an (10).

---

blir, à peu près, ce qui existait alors ; et le motif politique qui, à cette époque, avait fait opérer ce dégrèvement, afin de réduire le nombre des électeurs, n'existe plus.

La même augmentation sur l'enregistrement, le timbre et les postes, n'entravera en aucune manière la marche des affaires ; les transactions n'en auront pas moins lieu, et ce surcroît de charges sera le plus imperceptible.

Celle sur les impôts indirects, les douanes et le sel, sera d'autant plus supportable qu'elle sera plus divisée.

Au surplus, nous le répétons ici : une économie quelconque ne peut avoir lieu sans un retranchement sur le revenu. L'important est de démontrer si ce retranchement est praticable et s'il doit procurer, à celui vis-à-vis duquel on l'opère, une amélioration de position et de fortune. Nous croyons l'avoir suffisamment prouvé.

Quand on pense, du reste, que l'immense résultat que nous avons obtenu (2ᵉ Tableau) ne nécessitera vraiment (outre l'addition aux contributions directes, qui doit les reporter au taux où elles étaient avant la réduction de M. de Villèle) qu'une augmentation réelle de 60,070,000 par an, sur les autres contributions, puisque le surplus doit provenir d'économie, ou de taxes nouvelles que le privilége seul avait soustraites, on ne peut s'empêcher d'être étonné, et de désirer l'examen et l'adoption de notre plan.

(10) Lors des premiers emprunts, contractés par l'État ; en rentes 5 p. $\frac{0}{0}$, l'autorité a entouré de la plus grande faveur cette nature de prêt : ainsi l'on a affranchi les porteurs des inscriptions, 1° de toutes espèces de contributions ; 2° de tous droits d'enregistrement et de timbre sur les négociations ; 3° et de tous droits de mutation au décès des titulaires. On a créé en leur faveur un véritable privilége. Pourquoi ? C'est toujours dans la prévoyance de nouveaux emprunts. Les gouvernans ont pensé que plus les rentes offriraient d'avantages aux porteurs de ces effets, plus les prix en augmenteraient, et que, par conséquent, l'État aurait à payer d'autant moins d'intérêts, que le prix de ces rentes serait plus élevé. Nous avons donné plus haut (note 3) le résultat d'un aussi funeste système. L'État a négocié de 1817 à 1823, 100,626,736 f. de rentes 5 p. $\frac{0}{0}$ au cours moyen de 70 f. Ce qui a fait entrer seulement dans ses coffres 1,408,774,304 f. ; et comme il s'est reconnu débiteur d'un capital de 2,012,535,720 fr., il y aura nécessairement pour lui une perte de 603,761,416 f., dont les porteurs de rentes et surtout les négociateurs d'emprunts, ont seuls profité ou profiteront : la perte, évidemment, est pour les contribuables.

Nous le demandons, est-il juste, est-il rationnel que dans un État bien constitué, toutes les fortunes, de quelque nature de biens qu'elles se composent, ne contribuent pas également

Art. 6.

Les 10 centimes additionnels, ainsi ajoutés ou retenus chaque année, jusqu'au 1ᵉʳ janvier 1847, seront versés par le Trésor, de mois en mois et par douzièmes (sauf ce qui concerne les rentes, pensions et intérêts des cautionnements), dans une caisse particulière qui prendra la dénomination de CAISSE DE RÉSERVE.

Art. 7.

Le fonds d'amortissement actuel, fixé par les lois antérieures à 44,600,000 fr. par an, sera également versé dans la même caisse de réserve (11).

Art. 8.

Outre cette augmentation sur les recettes et cette retenue sur les dépenses de chaque budget, le trésor sera tenu de verser annuellement dans la Caisse de réserve, du 1ᵉʳ janvier 1835 au 1ᵉʳ janvier 1847, tout l'excédant des re-

---

et indistinctement aux charges de l'État? Nous ne le pensons pas. La loi et l'équité s'y opposent :

LA LOI, car l'art. 2 de la Charte qui a nécessairement abrogé toutes les lois contraires, antérieures, porte d'une manière positive : que tous *doivent contribuer indistinctement*, en proportion de leur fortune, *aux charges* de l'État. L'équité, parce qu'on ne voit pas pourquoi l'individu qui a pour fortune 10,000 f. de rentes sur l'État ne paie aucune contribution directe, tandis que celui qui a pour revenu pareille somme en immeubles paie 2,000 f. par an de ces mêmes contributions. Pourquoi l'héritier collatéral qui trouve, pour héritage, dans une succession une inscription de 10,000 f. de rentes, ne paie aucun droit de mutation ; tandis que celui qui hérite d'un pareil revenu en immeubles paie un droit énorme de 7 p. ½, ou 14,000 f. Pourquoi enfin celui qui transfère une rente sur l'État de 5000 f. au capital de 100,000 f. ne paie aucun droit d'enregistrement ; tandis que celui qui transporte une rente de pareille valeur, sur un particulier, paie un droit de 2,200 f.

Les pensions et les traitemens forment aussi un revenu pour ceux qui les reçoivent de l'État, ils doivent être également atteints par l'article 2 de la Charte. Les titulaires sont d'autant plus intéressés à la réduction des charges, que plus l'État sera riche, et plus leur traitement ou revenu sera stable et assuré. Il ne fallait pourtant pas atteindre ni les soldats ni les traitements au-dessous de 300 f., nous ne l'avons pas fait.

On verra, plus tard, que la retenue proposée sur les rentes inscrites ne nuira en aucune manière au porteur des inscriptions ; que ces rentes resteront toujours *au pair*, et ne seront plus sujettes aux fluctuations du jeu et de l'agiotage.

(11) Un si faible fonds d'amortissement, qui excède cependant les 10 centimes additionnels que nous proposons d'ajouter aux contributions directes, n'a jamais rien amorti. Nous l'avons prouvé précédemment note 2. Il n'a véritablement été établi que pour donner une extension à la hausse des effets publics, et favoriser de nouveaux emprunts. Son versement dans la Caisse de réserve et sa réunion aux autres sommes aura un tout autre effet. La Caisse de réserve n'a aucune similitude avec la caisse d'amortissement actuelle, car l'amortissement n'a lieu qu'à raison et pour des emprunts, et nous interdisons, comme on l'a vu, toute espèce d'emprunts.

cettes sur les dépenses, pour augmenter, s'il y a lieu, le fonds de la Caisse de réserve (12).

ART. 9.

Les fonds ainsi versés dans la Caisse de réserve seront employés, dans l'ordre suivant, au rachat, 1° des 5 p $\frac{\circ}{\circ}$ consolidés; 2° des 4 $\frac{1}{2}$; 3° des 4; 4° et enfin des 3 p $\frac{\circ}{\circ}$, pourvu, toutefois, que la somme de rachat n'excède pas 100 francs par chaque 5 francs de rente.

ART. 10.

Dans le cas où les 5 p $\frac{\circ}{\circ}$ seraient au-dessus du *pair*, cette nature de rentes, à partir du n° 1 jusqu'au dernier, sera classée et divisée par séries de numéros et par coupures de 14,000,000 francs. Chaque année, au 1er janvier, le ministre des finances tirera au sort la série qui pourra être remboursée,

---

(12) De quelque manière que l'on veuille envisager l'administration d'une fortune, soit particulière, soit d'un état, il est un fait constant et certain. C'est que si l'État ou le particulier ont des dettes, ils ne pourront jamais les payer qu'avec l'excédant des revenus sur les dépenses ; car si chaque année la somme de dépense égale la somme de revenu, il ne restera rien, et la dette subsistera entière ; elle viendra, en outre, s'accroître de toutes les dépenses imprévues et forcées.

Il résulte de ce principe incontestable que, pour administrer sagement la fortune publique (qui, du reste, se compose de la réunion de toutes les fortunes particulières), il ne faut pas, si l'on a trouvé le moyen de réduire les dépenses, réduire dans la même proportion les revenus : il faut, au contraire, que le revenu reste invariable et soit augmenté même, s'il est possible. L'excédant alors de la recette sur la dépense servira à éteindre d'autant plus vite la dette publique, que cet excédant sera plus élevé : et par conséquent plus la dette sera promptement éteinte, plus tôt, aussi, la fortune des contribuables sera affranchie et améliorée.

En agissant autrement et en nivelant, chaque année, les recettes et les dépenses, comme on l'a fait jusqu'à présent, Qu'en est-il résulté ? que non-seulement, malgré le fonds d'amortissement actuel. il n'est jamais resté d'excédent pour contribuer à l'extinction de la dette ; mais encore que cette dette s'est accrue de toutes les dépenses faites au-delà de celles fixées par les budgets ; voilà pourquoi aussi la dette publique qui, en 1807, était de 1,912,500,000 f. en capital, s'élevait en 1832 à 5,418,000,000 ; ce qui fait une augmentation de 3,505,500,000 dans une période de 25 ans.

Que répondre à une preuve aussi évidente, à des faits aussi matériels ? Si ce n'est que malgré toutes les raisons spécieuses et systématiques des hommes, sans doute fort instruits, qui ont écrit sur la matière, il ne faut, en finances, prendre pour guides que la raison et le bon sens appuyés des résultats de l'expérience et des chiffres.

Sully, lorsqu'il prit la surintendance des finances sous Henri IV, trouva l'État grevé d'une dette de 296,620,232 f. (somme énorme pour l'époque); il la réduisit bientôt à 96,900,000 f. Sully n'emprunta pas : il fit des économies. Depuis cet homme (habile en finances), la France est arrivée jusqu'à nos jours d'emprunts en banqueroutes ; n'est-il pas bientôt temps de revenir à un meilleur système ? et d'éviter par là les malheurs qui menacent et la France et tant d'états divers ?

de manière que les fonds libres de la caisse de réserve, qui n'auront pu servir au rachat des rentes, à cause de l'élévation du prix au-delà du *pair*, ser-
viront au remboursement de tout ou partie de la série désignée par le sort,
et toujours par ordre de numéros.

ART. 11.

Après le complet rachat, ou remboursement des rentes 5 p ⅌ consolidés, il
sera procédé de la même manière pour le rachat, ou remboursement des
autres rentes désignées en l'article 9, et sous la condition restrictive imposée
par cet article (13).

---

(13) Tout débiteur d'une rente perpétuelle a le droit de s'en affranchir, en payant au
créancier le capital moyennant lequel la rente a été constituée, plus les arrérages échus au
jour du remboursement. Ce principe, puisé dans le droit et la raison, est incontestable; ainsi
l'État peut donc, sans injustice, effectuer le remboursement des 5 p. ⅌ consolidés; mais il
doit le faire loyalement, et en payant intégralement 100 f. pour chaque rente de 5 francs.

Nous n'admettons pas la proposition judaïque et spécieuse qui consiste à dire aux porteurs
de rentes : Si vous ne voulez pas être remboursés, nous vous offrons au lieu de 5 f. de rente,
une rente de même nature qui ne sera plus que de 4 f., et comme cette rente de 4 f., par
le bon crédit dont nous jouissons, et l'abaissement du taux de l'intérêt, atteindra néanmoins
le prix de 100 f. Nous ne vous ferons rien perdre sur votre capital. Voilà tout le *Système de
conversion*.

Qui ne voit clairement qu'une pareille mesure serait la violation la plus flagrante des
droits des rentiers qui auraient, faute d'emploi de leurs capitaux, la simplicité d'adopter
une pareille proposition? car ils seraient privés d'abord d'un 5e de leur revenu et probable-
ment ensuite d'un 5e de leurs capitaux.

D'ailleurs, dans la première hypothèse, il n'en résulterait aucune amélioration dans la
fortune publique; car si le prix de 4 f. de rente par le cours élevé des fonds montait à 100 f.,
le capital de la dette serait toujours le même lorsqu'il faudrait la racheter.

Mais, demandera-t-on: Si vous remboursez les 5 p. ⅌ a raison de 100 f. par chaque 5 f.
de rente, comment et à quel taux remboursez-vous les 3 p. ⅌ créés pour indemniser l'émi-
gration? La réponse est simple et facile.

Les 5 p. ⅌ ont été créés à prix d'argent, à titre onéreux et sous la condition explicite que
chaque rente de 5 francs représenterait un capital de 100 francs.

Les 3 p ⅌, au contraire, sont le résultat d'un acte rémunératoire. C'est une donation faite
à tort ou à raison; mais c'est une véritable donation : or, cette donation n'a jamais été faite
sous la condition qu'on paierait, au donataire, 100 f. pour le rachat de chaque 3 f. de rente,
mais sous la seule condition qu'on lui paierait une rente de 3 francs; or, comme une rente
perpétuelle constituée à quelque titre que ce soit; est toujours remboursable, le rachat doit
s'en opérer d'après les mêmes principes que pour le remboursement des 5 p. ⅌ consolidés;
c'est-à-dire à raison de 100 f. pour chaque 5 f. de rente.

La combinaison de ces 3 articles de la loi projetée doit aussi avoir pour résultat immédiat
de faire cesser ce disparate inexplicable dans le cours des effets publics et qui ne peut être
attribué qu'à l'effet de l'agiotage et du jeu de bourse, et à l'espoir chimérique d'une augmentation de capital.

Art. 12.

Si la Caisse de réserve procède à ces remboursements, ou rachats, ils auront toujours lieu avec subrogation, à son profit, dans les droits des rentiers, vis-à-vis du Trésor et de l'État, de manière qu'on ne puisse prétexter l'extinction de la dette, par confusion, compensation ou paiement, étant expressément dérogé à cet égard à l'article 1234 du Code civil (14).

Art. 13.

La Caisse de réserve sera administrée par un directeur général qui sera indépendant du ministère des finances et à la nomination du roi. La comptabilité de cette caisse, son mode de surveillance et d'administration seront déterminés par une loi (15).

Art. 14.

Si des ressources sont nécessaires pour cas de guerre, ou autrement, il y sera *toujours* pourvu par la caisse de réserve, de la manière, et pour la quotité qui seront déterminées par une loi (16).

---

(14) Cet article préviendra les discussions qui pourraient s'élever, lors du rachat des rentes, sur cette question : Le remboursement de sa dette par un débiteur, opère-t-il, dans tous les cas, l'extinction de la dette? Ce qui, en cas d'affirmative, nécessiterait d'annuler les rentes achetées à l'instant même du remboursement, et paralyserait d'autant les effets de la Caisse de réserve.

(15) Cette Caisse aura une telle importance qu'elle devra être entourée, par la loi, de toutes les garanties possibles. Véritable Caisse d'épargnes de la population entière de la France, elle devra être inviolable et sous la sauvegarde du Roi, des Chambres et de la Nation. Ce serait un contre-sens de la mettre dans les attributions et sous la dépendance du ministère des finances et du Trésor, puisque ce dernier deviendra comptable à l'égard de cette Caisse des 10 centimes additionnels qu'il aura à lui verser chaque année.

(16) On a jusqu'ici raisonné dans l'hypothèse où la guerre n'aurait pas lieu, pendant l'action de la Caisse de réserve, et où, par conséquent, cette Caisse aurait opéré le complet rachat de la dette en douze années.

Mais si, au contraire, la guerre vient à éclater, au quart, à la moitié de son existence, qu'en résultera-t-il? Comment sera-t-il pourvu aux subsides devenus urgens? Le voici :

Si la guerre a lieu à la 3e année, la Caisse de réserve aura (tableau n° 2.) 869,657,218 f. » c.

La 4e... 1,181,058,114 »

La 5e .... 1,520,527,931 »

La 6e, etc., etc. à la vérité ce sera des rentes inscrites au nom de cette même Caisse ; mais elle aura 270,000,000 en espèces qu'elle pourra réaliser dans l'année où la guerre aura été prévue. Si la guerre continue, la même ressource continuera aussi ; et l'avantage qui en résultera pour l'État sera de n'être plus dépendant de prêteurs exigeans. L'extinction de la dette sera alors, à la vérité, retardée, l'économie entamée: mais la dette ne sera jamais accrue.

Nous le répétons ici, avec conviction, on fera difficilement la guerre à une puissance qui

Art. 15.

Lorsque toute la dette perpétuelle *remboursable* aura été rachetée, une loi déterminera chaque année la portion des rentes rachetées ou remboursées par la Caisse de réserve, qui devra être rayée du grand-livre et annulée définitivement. La même loi fixera sur quelle nature de contributions devra porter le dégrèvement, qui sera égal au montant de la portion de rentes annulées (17).

Art. 16.

Les pensions accordées par les différents ministères ne pourront jamais excéder un fonds de 50,000,000, et, jusqu'à ce que, par l'effet de la révision de celles existantes ou des extinctions par décès, ou autrement, le fonds actuel des pensions soit réduit au chiffre annuel de 50,000,000 ci-dessus fixé; il ne sera accordé aucune nouvelle pension, et ceux qui y auront droit ne seront liquidés et inscrits qu'au fur et à mesure des extinctions nouvelles, après que la réduction ci-dessus aura été atteinte (18).

Art. 17.

Toutes les lois antérieures auxquelles il n'est pas expressément dérogé par ces présentes, continueront de recevoir leur exécution.

---

aura su se créer de telles ressources, et une paix presque assurée devra résulter du moyen que nous proposons.

(17) Par l'effet du rachat de la totalité de la dette perpétuelle inscrite (sauf la portion inaliénable affectée aux majorats, etc.) 4,310,000,000 environ, auront successivement et progressivement rentré dans la circulation. Ce capital immense viendra féconder l'agriculture, le commerce et les industries particulières, et ce sera, certes, un assez beau résultat.

Quant à la réduction des impôts à faire à la même époque, on ne pense pas qu'il fût sage et raisonnable de la fixer, tout à coup, à 215,500,000, somme égale au montant de la dette rachetée. On pourrait laisser dans la caisse de réserve un fond en rentes 5 p. $\frac{c}{e}$ d'au moins 50,000,000 pour donner les moyens d'anéantir de suite, 1° la loterie; 2° les jeux publics; 3° et les autres produits de cette nature. Sur le surplus de cette rente annuelle de 50,000,000 l'État trouverait chaque année les moyens d'encourager les arts. Le reste, enfin, ami sûr et fidèle, viendrait le secourir dans ses besoins.

(18) Il est juste de récompenser les services publics; et si ces récompenses étaient toujours données avec discernement et équité, on n'aurait point à s'occuper du chapitre des pensions : mais malheureusement l'expérience a prouvé qu'il n'en est pas ainsi; et pour éviter que cette partie de la dette publique viagère ne s'élève, comme elle l'a fait jusqu'à ce jour, dans une proportion toujours croissante, il a bien fallu déterminer un chiffre au-delà duquel elles ne pussent jamais s'élever. Le seul moyen, je le crois, est celui que nous proposons.

Au surplus, le chiffre déterminé par l'article 16 peut être modifié et changé de manière à blesser le moins possible les droits acquis.

CONCLUSION ET RÉSUMÉ.

Dans ce petit travail, que nous avons *esquissé* rapidement, et que nous nous proposons de développer, *s'il y a lieu,* nous avons soulevé des questions de haute importance en politique et en finances.

Nous avons cherché à démontrer que le système *du crédit et des emprunts,* tel qu'il a été adopté jusqu'à ce jour, doit être changé et qu'il peut l'être, et que tous les systèmes imaginés par les plus savants publicistes et économistes viennent se briser contre cette vérité triviale, que les États, comme les particuliers, *sont moins riches de tout ce qu'ils doivent;* d'où la conclusion qu'il ne faut plus augmenter la dette par des emprunts, mais l'éteindre, pour devenir riches.

En traçant le premier tableau, qui sert de base pour déterminer l'assiette du prélèvement à faire pour composer la Caisse de réserve, nous n'avons voulu que faire une indication, donner un moyen : il peut donc être changé et modifié, pourvu que le chiffre annuel atteigne la somme nécessaire pour opérer le rachat annoncé, et justifié par le deuxième tableau. La matière imposable ne manquera jamais; le difficile, à l'égard des impôts, est leur répartition équitable et exempte de priviléges; enfin l'exécution fidèle de ce principe fondamental, que *tous* doivent *indistinctement* contribuer, en raison de leur fortune, aux charges de l'Etat.

Nous avons tâché d'établir que l'amortissement, tel qu'il est constitué, n'a rien amorti, et n'a servi qu'à favoriser les jeux immoraux de la bourse; qu'une dette ne peut jamais être *payée* que par une économie sur les revenus, et non pas en contractant, pour l'éteindre, une dette plus considérable.

Nous avons aussi indiqué le moyen de rembourser *légalement* toutes les rentes sur l'État; de faire cesser l'agiotage, et d'empêcher en conséquence la ruine de bien des fortunes particulières, en maintenant *forcément* toutes les rentes à leur juste valeur de 5 p $\frac{0}{0}$, c'est-à-dire au prix de 100 fr. pour 5 fr. de rente.

Nous avons prouvé que, par le rachat de la dette publique inscrite, on faisait rentrer dans la circulation environ 4,300,000,000 francs, qui viendront vivifier l'agriculture, le commerce et les industries particulières, et permettront une réduction considérable des impôts et des charges publiques.

Enfin nous avons établi en principe, et nous le pensons encore, que la guerre est presque impossible à faire à un peuple riche en soldats et en argent, et que, si elle avait lieu, les secours ne manqueraient pas. Sans doute *nos idées* trouveront bien des contradicteurs parmi les banquiers soumissionnaires d'emprunts, parmi ceux qui vivent et s'engraissent du produit de l'agiotage et du jeu, parmi les égoïstes, et ceux enfin qui n'ont de patrie que leur coffre-fort; mais nous n'avons eu la prétention d'écrire que pour les hommes consciencieux et véritablement amis de leur pays.